Les Jardins *de* Jacques Wirtz

F23 *

FONDATION POUR
L'ARCHITECTURE
BRUXELLES

Les Jardins de Jacques Wirtz a été édité à l'occasion de l'exposition
"L'Architecture du Paysage au XXème siècle : Jean Canneel-Claes, René Pechère, Jacques Wirtz",
présentée à la Fondation pour l'Architecture à Bruxelles du 2 octobre au 5 décembre 1993.
L'exposition consacrée à Jacques Wirtz, ainsi que cet ouvrage, ont été coproduits par
l'Etablissement public du Grand Louvre, à Paris.

Edité par la FONDATION POUR L'ARCHITECTURE, 55 rue de l'Ermitage à 1050 Bruxelles.

Conception : Bartomeu Marí, assisté de Laura Truzzi.
Secrétariat d'édition et coordination : Giasmina Giuliana, Diane Hennebert, Liliane Liesens
Rédaction : Bartomeu Marí et Catherine Laroze,
avec la participation de Caroline Mierop.
Photographies : Mieke Vleeshouwers-Thiers,
Sylvie Desauw, Jean-Paul Pigeat, Dirk Thiers, Karin Thiers, Laura Truzzi,
Geert Wirtz, Jacques Wirtz, Martin Wirtz, Peter Wirtz.
Conception et réalisation graphique: La Page, Bruxelles.

L'édition de ce livre n'aurait pas été possible sans la collaboration et l'enthousiasme
de Jacques Wirtz. Nous l'en remercions vivement, ainsi que Peter Wirtz
pour son attention constante et ses précieux conseils.

Nos remerciements s'adressent également à Caroline Mierop, architecte-urbaniste,
pour sa participation à l'élaboration de l'exposition et du livre; à Madeleine Caillard, cinéaste,
auteur du film sur les jardins de Jacques Wirtz; à Anne Van Loo, pour son aide initiale
et à Véronique Danneels, historienne de l'art, ainsi qu'à toutes les personnes
nous ayant permis d'accéder aux jardins réalisés par Jacques Wirtz.

TABLE DES MATIÈRES

JACQUES WIRTZ
A LA LUMIÈRE DU PAYSAGISME CONTEMPORAIN *9*
Catherine Laroze

LES JARDINS DE JACQUES WIRTZ *15*
Bartomeu Marí

LE JARDIN PERSONNEL DE L'ARCHITECTE-PAYSAGISTE *121*
Bartomeu Marí

LES ESPACES À LA DISPOSITION DU PUBLIC *131*
Bartomeu Marí

TUILERIES : LE JARDIN DU CARROUSEL *165*
UN ESPACE EMBLÉMATIQUE
Catherine Laroze

BIBLIOGRAPHIE DE JACQUES WIRTZ *175*

JACQUES WIRTZ

A la Lumière du Paysagisme Contemporain

Catherine Laroze

Les jardins créés par Jacques Wirtz exercent un charme et une puissance rares. De forces brutes à peine équarries en vastes zones silencieuses comme des plaines, de formes géométriques incisives et volontaires en affleurements végétaux denses et ombreux, ces jardins où se mêlent l'homme et la nature, la demeure et le paysage, offrent le spectacle d'une beauté intense mais toujours familière.

Paysagiste belge, né à Anvers en 1924, Jacques Wirtz a réalisé plus d'une centaine de jardins. Cette œuvre vaste, constituée dans sa majeure partie de créations privées, fait aujourd'hui l'objet d'une monographie qui permet de découvrir un travail ignoré du grand public, tout en mettant en évidence la richesse et la complexité d'une pensée contemporaine ayant pour objet le jardin et le paysage.

Depuis le début de notre siècle, les guerres successives, le développement de l'urbanisation et des sciences et les priorités accordées aux aménagements, ont fatalement détourné les esprits des problématiques liées à la nature. Ce processus a entraîné la quasi-disparition du jardin considéré comme lieu d'expression des valeurs esthétiques, sociales et politiques et comme espace d'émergence des mythes et des symboles de notre temps, et, parallèlement, la mise en sommeil de la figure du jardinier-paysagiste, si florissante les siècles passés et dont André Le Nôtre reste encore à ce jour l'image la plus marquante.

Le retour du jardin sur la scène moderne, que l'on peut expliquer en partie par la réaction de notre société aux raisons mêmes de sa disparition et, conjointement, l'émergence de la personnalité du paysagiste comme interlocuteur et médiateur privilégié entre l'homme et la nature, ont redonné une vocation et un sens nouveaux au jardin. Cette revalorisation qui n'en est qu'à ses balbutiements, va s'accompagnant du souci, chaque jour plus nécessaire, de valider et de justifier, tant sur un plan historique que culturel, une pratique et une pensée, dont les modalités ont été passagèrement oubliées et qu'il semble urgent de retrouver.

Bien que s'inscrivant dans une mouvance où l'alliance de la modernité et du savoir-faire apparaît en ce domaine comme une nécessité, la démarche paysagère de Jacques Wirtz n'en garde pas moins toute son autonomie et son indéfectible originalité. Voici en effet plus de quarante ans que Jacques Wirtz, fidèle à sa seule réflexion, et parfois obligé d'avancer à contre-courant des mouvements et des tendances liées au paysage, construit une œuvre unique en son genre.

Se référant essentiellement à des valeurs dites "classiques" comme le sont l'intimité, l'harmonie et l'architecture, et jugeant indispensable, eu égard au métier de paysagiste qu'il exerce, de maîtriser l'ensemble de la chaîne allant de l'architecture, de la mise en scène du jardin conçu comme décor privé, au choix des plantes et des différents éléments intervenant dans la composition, Jacques Wirtz est l'une des rares personnalités contemporaines à pouvoir allier une intuition du paysage à une véritable pratique du terrain.

C'est à une sérieuse formation agricole que Jacques Wirtz doit sa connaissance des plantes. Celle-ci, qui s'exercera un temps dans le métier de fleuriste, trouvera son aboutissement dans les jardins qu'il commence à créer dès 1949. Mais sa passion des végétaux s'exprime également dans le désir de rechercher toujours de nouvelles plantes, comme en témoigne cette pépinière qu'il a créée dans son jardin situé près d'Anvers et en laquelle il expérimente et acclimate sans cesse les variétés destinées à être transplantées dans les jardins qu'il réalise.

Son travail d'architecte s'oriente, quant à lui, autour de ces deux entités inséparables que sont l'organisation propre à la plante et à la demeure. L'architecture intime du végétal, sa structure biologique, Jacques Wirtz ne va pas hésiter à tenter d'en reculer les limites, en renouvelant, entre autres, l'art topiaire. Ce procédé, en lequel il est passé maître et auquel on a longtemps assimilé son travail, consiste traditionnellement en une taille figurative ou géométrique de végétaux comme le buis, les charmes ou les ifs. Cette tradition, qui remonte à la période romaine et qui s'exprimera pleinement pendant la Renaissance, Jacques Wirtz va lui donner un souffle nouveau. Puisant dans la plante elle-même et non dans un dessin ou une forme qui lui serait étrangère et donc artificielle, l'essence de son mouvement et de sa forme, Jacques Wirtz va insuffler à ces végétaux une souplesse, une énergie et une liberté jamais obtenues.

A l'harmonie et à la structure de la composition végétale répondent celles de la maison. Jacques Wirtz aime créer des jardins pour de belles maisons, entendez des maisons "habitées", animées de l'esprit de ceux qui y vivent. Prolongeant la demeure, se faisant l'écho de ses préoccupations intimes, le jardin prend alors l'allure de pièces à ciel ouvert, de chambres offertes aux caprices du monde qui, tout en laissant affleurer et s'exprimer les forces de la nature, les circonscrivent dans un espace à la mesure et à la dimension de l'homme.

Jacques Wirtz a en effet trouvé dans les jardins privés, dans la relation unique et particulière l'unissant aux propriétaires, la matière même de son bonheur. C'est dans ce dialogue basé sur une confiance mutuelle que Jacques Wirtz parvient à exalter les notions d'intimité, de pudeur et d'ouverture au monde qui lui sont si chères et dont le jardin est à la fois le dépositaire et le médiateur.

Cet ouvrage est donc l'occasion de découvrir et de pénétrer dans les jardins privés créés par Jacques Wirtz. Cette démarche, qui se révèlerait ambiguë si la confidentialité n'avait été entièrement respectée, est ainsi l'occasion de découvrir la part la plus importante mais aussi la plus authentique du travail de Jacques Wirtz.

Les réalisations publiques sont également présentes, qui témoignent du souci permanent du paysagiste de prolonger et d'amplifier, dans des espaces destinés à un nombre important de visiteurs animés d'intentions et de sensibilités aussi diverses que possible, les thèmes qui sous-tendent le jardin privé, procurant ainsi à chacun des promeneurs une jouissance égale à celle qu'ils pourraient éprouver dans un lieu conçu pour eux seuls.

La découverte de l'œuvre de Jacques Wirtz et la très récente découverte du métier de paysagiste, posent ainsi de façon cruciale la question de savoir quelle place et quel rôle est appellé à jouer dans notre société l'homme du paysage. A cette interrogation Jacques Wirtz apporte un élément de réponse en proposant un travail conçu comme une réflexion contemporaine sur une tradition bien comprise, unissant ainsi dans ses jardins tant la beauté du passé que la force visionnaire du futur.

Les Jardins de Jacques Wirtz

Bartomeu Marí

L'architecture du paysage au XXème siècle a vu se succéder une série de mouvements et d'écoles, parallèles aux grands courants architecturaux qui ont marqué l'évolution de notre environnement bâti: du jardin moderniste des années vingt et trente, avec ses lignes géométriques, ses compositions abstraites, à l'esthétique fonctionnaliste des jardins "secs", sur béton, des années soixante, puis au langage formel plus classique des années quatre-vingt, avec la redécouverte des jardins historiques, le retour à la ville, le goût du pittoresque,... Le jardin contemporain, celui qui caractériserait cette fin de siècle, semble quant à lui encore impossible à définir: diversité d'approches voire contradictions, simultanéité des styles et multiplication des individualités, crise du langage -une certaine dérive- et, en même temps, ce regain d'intérêt spectaculaire pour la nature qu'accompagnent la renaissance des jardins privés, la création de vastes parcs publics et l'émergence d'un nouveau débat sur l'art du paysage.

Depuis quelques années, on assiste en effet à la redécouverte de cette discipline. Etroitement liée à l'architecture et à l'urbanisme, elle s'insère encore de manière incertaine dans les catégories professionnelles, culturelles et artistiques, contemporaines. Domaine réservé pendant de longues décennies à quelques historiens, l'architecture des jardins a désormais quitté les publications spécialisées: livres et articles grand public se multiplient; on organise des festivals autour du paysagisme et le citadin se montre très friand des nouveaux parcs urbains.

Jacques Wirtz a contribué, c'est certain, à ce renouveau: il a conçu et réalisé une centaine de jardins, privés et publics, et consacré toute sa vie à son art. Wirtz est un homme réservé, modéré dans ses gestes et dans ses paroles. Un sourire permanent cache derrière un rideau d'innocence une extraordinaire justesse de décision, un véritable talent d'artiste. Son œuvre comprend pour l'essentiel des jardins privés, réalisés en Belgique mais aussi en France, en Espagne, en Suisse et au Portugal. C'est cependant dans son pays, là où la culture et le mode de vie sont intimement liés à la propriété privée, à la maison unifamiliale, que son art aura trouvé à s'exprimer dans toute son ampleur.

"Architecturer le paysage", voici une définition assez juste de la démarche de Jacques Wirtz. Inclassable, libre de tout préjugé stylistique, il agit à coups d'intuitions et de connaissances pratiques, combinant toujours savoir-faire et audace, tradition et innovation.

Comment rendre compte d'une œuvre si vaste et diversifiée ? Il n'est pas question ici de dévoiler les "secrets" du paysagiste, mais plutôt de faire partager quelques-unes des connaissances acquises en discutant avec lui, de transmettre un peu du plaisir ressenti en visitant ses jardins, ce qui est aussi une manière de lui rendre hommage. Cette transmission pose néanmoins des problèmes. En effet, nous n'avons pas voulu nous prétendre botanistes et énumérer par exemple les caractéristiques de telle ou telle essence. Sauf exception, nous n'aurons pas non plus recours à l'approche historique qui voudrait identifier toutes les références proposées par l'histoire de l'art paysager. Nous tenterons plutôt de mettre en évidence quelques-unes des caractéristiques du travail de l'artiste.

Les jardins privés réalisés par Jacques Wirtz entourent des habitations le plus souvent situées en milieu rural. Dans la plupart des cas, la distribution des jardins est déterminée par l'architecture de la maison: l'accès, la localisation des fenêtres, l'orientation, la situation dans la parcelle,... Si ses jardins "habillent" la maison, s'ils la mettent en valeur, Wirtz n'en considère pas moins toute construction comme une "violation du territoire". Son travail se pose donc comme le lien nécessaire, la transition, entre le domaine de la vie domestique et celui de la nature: ses jardins sont des portes, entre un intérieur -privé- et un extérieur -ouvert.

Sans parler d'un "style Wirtz", on peut toutefois identifier un ensemble d'éléments, de constantes qui lui sont chères. D'abord, l'évidence de la nature, ce que Wirtz appelle "la sagesse de nos ancêtres". Il y a des gestes que la nature elle-même suggère, d'autres qu'elle ne tolère pas: une prééminence que Wirtz revendique comme principe premier de son art. D'autres décisions, la structuration du plan, la résolution de certains détails, seront déterminées par la qualité du sol, l'hydrographie du terrain, le type d'environnement: ici un champ de maïs, là une forêt de hêtres. Ainsi, là où d'autres seraient tentés de reconnaître une théorie, Wirtz agit dans la logique de la nature elle-même, irrationnelle et intuitive. Il apprivoise les formes de la nature et réussit à tirer le parti maximum des changements produits par la succession des saisons: le temps est l'un des paramètres importants de son œuvre; ses jardins s'épanouissent sous le givre d'un matin d'automne, en pleine saison des neiges, aussi bien qu'au printemps.

Wirtz accorde toujours de l'importance aux accès, sans jamais négliger le traitement des parkings. Des jardins de vivaces, des roseraies, des jardins d'agrément très structurés sont souvent installés à proximité de l'entrée principale et en signalent l'importance. Ensuite, les étendues de pelouse et les alignements de haies définissent sur le terrain des lignes de force visuelles. Conduire le regard, l'inviter à une promenade picturale, voici encore une constante des jardins de Jacques Wirtz, avec en corollaire la création de réseaux de circulation qui permettent de véritablement pénétrer dans la nature. Sculpter et peindre: Wirtz exploite toutes les potentialités de la végétation, en deux et en trois dimensions.

Sur la question des styles, il faut renoncer aux expressions telles que "jardin à la française" ou "jardin à l'anglaise"; elles sont étrangères au vocabulaire de Wirtz. S'il connaît l'œuvre de Gertrude Jeckyll, il est cependant convaincu qu'on ne mélange plus aujourd'hui les couleurs comme le faisait la célèbre paysagiste anglaise. Il est attiré par les jardins français et italiens, au même titre que par l'architecture de Sir Edwin Lutyens. La liberté formelle de l'architecture moderne lui a cependant servi de tremplin: il s'intéresse davantage à la qualité de l'espace et à son usage qu'au respect de quelconques règles stylistiques. On peut aussi évoquer, à propos de Wirtz, l'influence de tout le paysagisme anglais, en particulier l'ordonnancement des espaces par l'alignement des haies, ou encore des jardins japonais et de la peinture flamande, de Van Eyck à de Braeckeleer, avec leur palette de couleurs, leur lumière particulière, leur poésie.

Architecte-paysagiste, Wirtz est avant tout jardinier, c'est-à-dire un artisan. Son plus grand plaisir -s'occuper lui-même de son jardin personnel- se répercute dans ses réalisations. Pour lui, l'art du jardin doit se fonder sur une connaissance approfondie du monde végétal, des sols, des plantes, de leurs cycles,... Ceci le distingue et l'éloigne fondamentalement des écoles de paysagisme contemporaines qui séparent la conception -le dessin- de l'exécution des plantations et de leur entretien, accentuant la rupture entre le paysagiste et le jardinier. L'importance accordée par Wirtz au jardinage l'a poussé à créer sa propre équipe de plantation et d'entretien des jardins: une activité rare chez les paysagistes, qui lui permet de rester fidèle à ses principes. Arboriculteur et pépiniériste, entouré d'une entreprise mi-artisanale, mi-familiale, Wirtz est en contact presque permanent avec le jardin qu'il a créé: ce qui lui permet aussi d'intervenir à plusieurs reprises sur un même jardin, l'agrandissant, le modifiant au fil des années. S'il fallait recomposer l'arbre généalogique des créations de Wirtz, il faudrait décrire une large spirale partant de son propre jardin, idéal, modeste, étonnamment dépouillé, et le retrouver ensuite, décliné dans les formes les plus variées: des jardins très architecturés où dominent l'orthogonalité, la symétrie, les systèmes de proportions; des jardins d'allure sauvage, aux tracés sinueux, où le jeu des ombres, des reflets, des transparences, des illusions d'optique compte autant que l'effet produit par la variété des plantes. Il n'y a manifestement pas d'évolution marquante, pas de changement radical, dans les projets de Wirtz. Dès le début des années soixante-dix, on retrouve chez lui cette alternance de jardins très architecturés et de jardins plus libres, dominés par les courbes. Sa palette chromatique est restée riche mais sans contrastes violents: les argentés métalliques succèdent à la simultanéité de tous les verts; les plantes caduques trouvent leur place parmi les vivaces,...

C'est la capacité de Wirtz à visualiser le jardin dès sa conception en plan, c'est sa connaissance intime des essences, des conditions qu'elles requièrent et de leurs cycles, qui lui permettent de ne jamais rien laisser au hasard. Très détaillés, les plans d'exécution sont envahis par le nom de chaque plante, sans qu'il y soit question de hiérarchie. Telle est sans doute la raison du succès de ses harmonies chromatiques, du jeu des textures, de l'ampleur des grandes surfaces ouvertes à l'horizon qui se fondent dans le paysage, de l'intimité de ces petits jardins où chaque centimètre est précieux et où l'intensité visuelle ne dépend pas forcément de la densité des plantations.

C'est dans la musique qu'il faudrait chercher la métaphore exprimant le plus justement la manière dont Wirtz "compose" ses jardins. Thème, contre-thème, rythme, mélodie, seraient le langage avec lequel il écrirait ses partitions. Laissons aux images le pouvoir d'exprimer l'harmonie des volumes et des formes, la symphonie des couleurs, les accents de liberté et de plaisir.

ITEGEM, 1969

Les deux corps de bâtiment de la maison composent un angle à 135 degrés et distribuent les deux parties les plus structurées du jardin, sorte de bras ouverts et tendus vers une grande surface de gazon. La maison précède le jardin qui s'étend, vers le nord, sur un vaste espace. A l'est, des terrasses bordées de lierre sont construites sur différents niveaux et traversées d'allées qui se croisent.
Un miroir d'eau rectangulaire contenant des plantes aquatiques n'est visible que depuis la deuxième aile du bâtiment. Cette partie de la maison se prolonge par une chambre de verdure fermée de hautes haies; une roseraie et un verger sont disposés en alignements parallèles et une grande pelouse occupe la partie centrale, dont les extrémités sont plantées d'arbres isolés.
Organisé selon des lignes parallèles, transversales et diagonales, ce jardin prolonge et fait éclater la maison en de nombreux points de vue, de l'intérieur vers l'extérieur. Les gradins, les dénivellements et la profondeur du terrain contribuent à la multiplication des perspectives et à la clarté de l'ensemble.

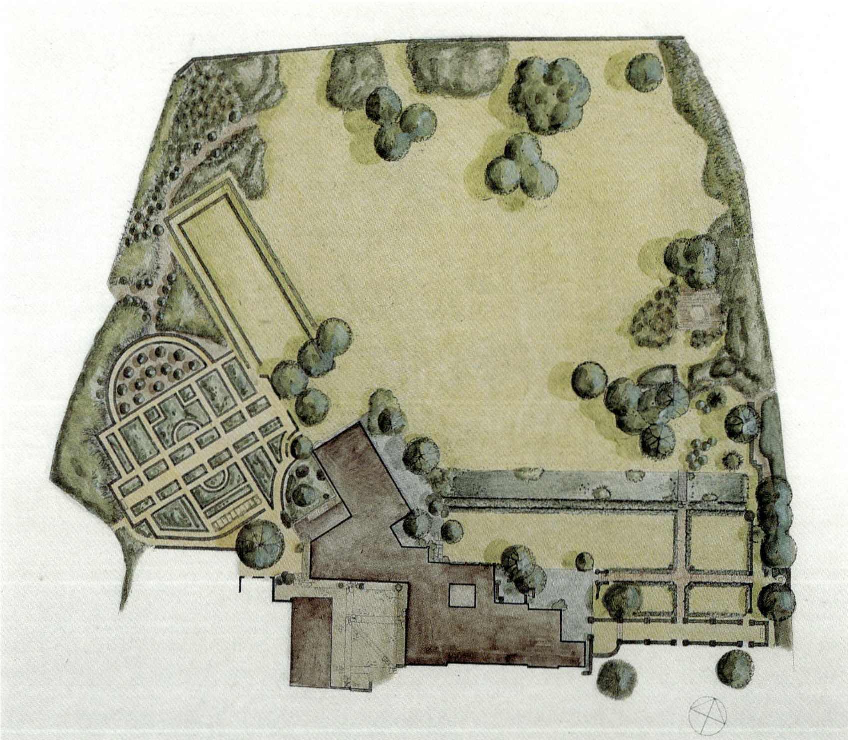

Jardin à Itegem, 1969

Jardin à Kapellen, 1969

Kapellen, 1969

Ce jardin, construit autour de la maison d'un architecte, reproduit dans sa disposition le plan du bâtiment central rectangulaire aux murs blancs et vitrés.

Une haie de carpinus clôture le terrain du côté de l'entrée. Le long de l'allée d'accès, deux monticules recouverts de gazon sont les seuls éléments architecturaux proposés par le paysagiste.

Des buis taillés en formes géométriques accompagnent la façade arrière à partir de laquelle s'étend un gazon, jusqu'à un bois de hêtres.

Un carré de catalpas dialogue avec la salle à manger, diffusant dans tout l'espace un vert très lumineux. Des cerisiers et des pommiers bordent la façade principale.

Wirtz a réalisé ici un jardin d'inspiration orientale mais, cette fois encore, sa référence est traitée très librement: peu d'éléments construits, seulement une distribution dans l'espace d'arbres, de formes taillées et d'étendues de gazon.

Schilde, 1973

Le jardin s'inscrit sur une longue parcelle rectangulaire orientée au nord.
Son dessin brise l'orthogonalité de la maison qui lui fait face : ici, aucune ligne droite, aucune forme sculptée; les rhododendrons sauvages dominent le paysage que seule vient altérer la présence de l'eau. Les nuances de vert, les effets de transparence et le jeu des reflets se conjuguent ici avec une liberté et une richesse d'ambiances exceptionnelle.
On accède à la maison en traversant une masse touffue de *Pennisetum* d'où émergent quelques arbres plantés sans ordre apparent ainsi que des massifs de rhododendrons qui cachent l'habitation de la rue. Cette première impression de modestie s'efface, de l'autre côté de la maison, devant l'épanouissement et l'abondance des plantes vivaces, aquatiques et sauvages.
Un petit canal, avec une chute discrète, conduit vers un étang qui, situé au centre du jardin, contient des plantes aquatiques et marécageuses et des vivaces sauvages.
Un sentier de sable bordé d'un mur de rhododendrons parcourt la périphérie du jardin et marque les limites de la propriété.

Jardin à Schilde, 1973

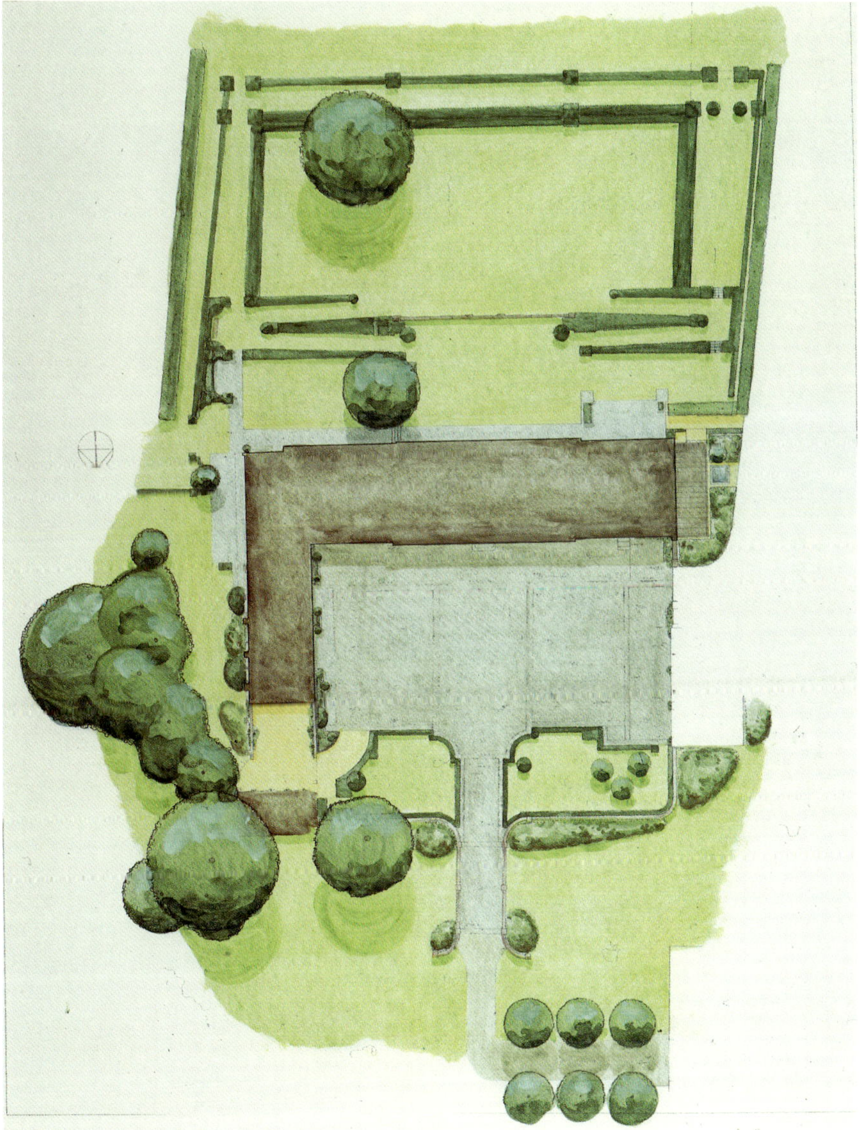

Jardin à Orsmaal, 1975

ORSMAAL, 1975

La vieille maison de maître, restaurée et agrandie par l'architecte R. Rombouts est située sur le versant sud du terrain, au milieu d'un vaste verger de poiriers caractéristique de cette région de culture fruitière entre Saint-Trond et Tirlemont.
Une grande cour pavée occupe le côté nord, limitée par la rivière Petite Gete et prolongée par de grandes haies taillées selon différentes formes.
Coté sud, quelques éléments existants, comme un jardin en creux comportant un mur et un grand saule pleureur, ont été maintenus.
Très simple et rigoureux, ce jardin a été conçu en collaboration avec l'architecte R. Rombouts. Les haies de *Taxus* qui le divisent et l'entourent comme des sculptures végétales incarnent l'esprit du jardin. Elles s'apparentent très harmonieusement au verger ainsi qu'à l'architecture de la maison, typique de cette région. Les dénivellations importantes du terrain s'articulent entre elles par des talus de gazon.

HASSELT, 1976

Ce jardin de grande dimension est certainement l'un des jardins les plus architecturés de ceux conçus par Jacques Wirtz. Il s'étend à l'arrière d'une maison rectangulaire, dont la façade s'ouvre largement sur lui.
Les contraintes du programme sont apparues lors de l'agrandissement, par extensions successives, de la propriété. Il en résulte un décentrement de la maison par rapport à l'étendue du jardin.
Wirtz a travaillé ici avec l'architecte R. Rombouts sur des effets de volumes, de perspectives et de lignes de fuite. Les haies taillées y jouent un rôle essentiel. Le centre du jardin est divisé en deux parties, de niveaux différents, par un miroir d'eau construit par paliers sur trois étages reliés par des petites cascades. Il est entouré d'une allée en pierre bleue qui invite à la promenade. Le jardin s'étend ensuite en profondeur. Une combinaison de haies taillées à différentes hauteurs conduit le regard vers un horizon de peupliers. Les nombreux conifères et résineux qui existaient sur la propriété ont été maintenus.

Au départ de la maison, côté sud, une gloriette longe le jardin et l'isole des bruits de la route. Côté ouest, le jardin se prolonge par une vaste roseraie, un potager et un jardin d'agrément. Des allées bordées de tilleuls permettent de circuler dans toute la propriété. L'extension du jardin pénètre progressivement dans un environnement rural de pâturages.
Il semble qu'aucune pièce de nature n'existe ici en dehors d'une composition très calculée. Les dimensions de ce jardin et son dessin en plan lui confèrent un caractère monumental. La notion d' architecture du paysage prend ici un sens tout à fait précis : Wirtz construit des espaces solennels, des "palais" de verdure.

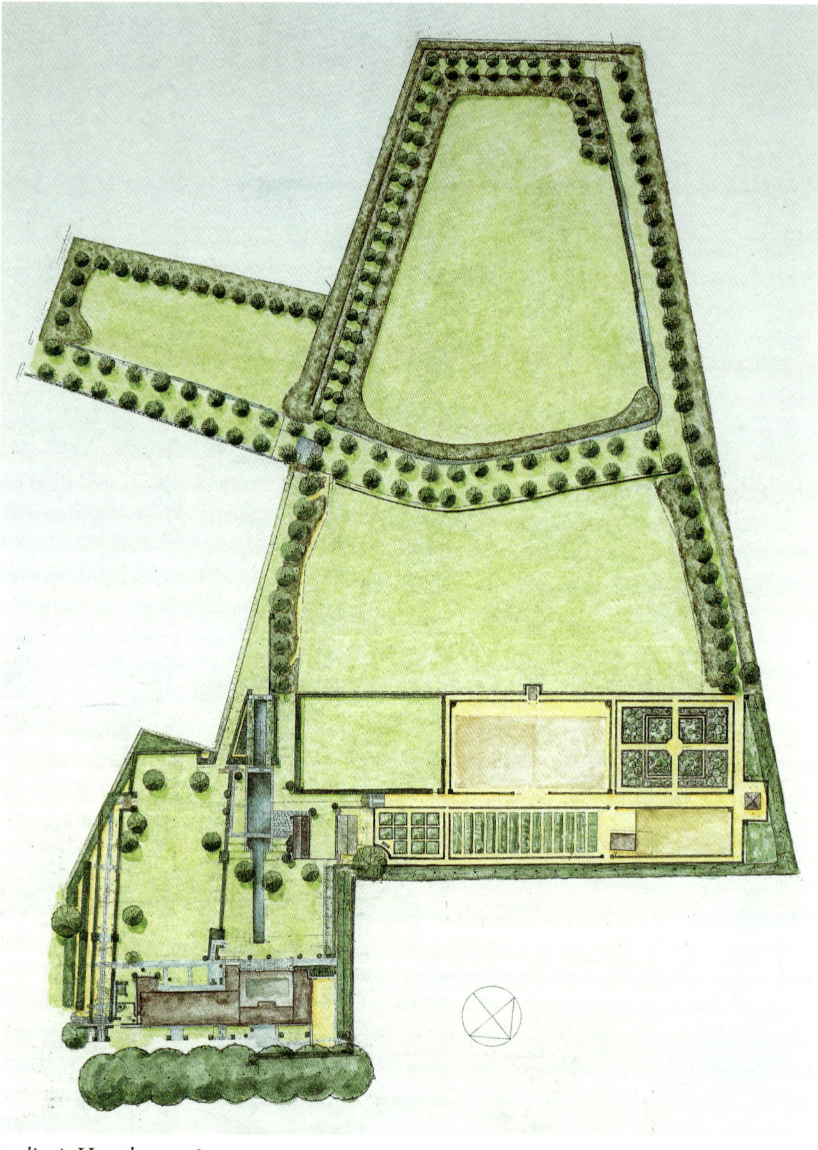

Jardin à Hasselt, 1976

Jardin à Brasschaat, 1978 - 1980

BRASSCHAAT, 1978 -1980

Dans ce cas, la maison a été la source d'inspiration de l'aménagement du jardin. Construite par l'architecte Georges Baines, elle a été agrandie d'un nouveau corps de bâtiment vitré.

A l'occasion de cette transformation, Wirtz est intervenu sur le jardin existant et en a dessiné une extension. La modification de l'accès à l'habitation a permis d'intervenir sur le terrain devant la façade. Sous les grands hêtres existants, le sol est tapissé de lierre formant une sorte de coussins de verdure. Des sentiers et des gradins sinueux soulignent l'entrée de la maison, sur une pente à peine perceptible.

Le verger, entouré d'une haie de charmille, s'étend de l'autre côté du chemin d'accès. Il occupe un terrain divisé par un miroir d'eau. Des pommiers sont plantés en quatre longues rangées symétriques. Un pavillon-bibliothèque, prévu dans le projet initial, clôture cet espace de réserve.

Schilde, 1980-1984

Construit sur un terrain sablonneux d'un hectare, ce jardin propose une combinaison caractéristique des créations de Jacques Wirtz : d'un côté, la nature structurée selon des formes sculptées et régulières et, de l'autre, la disposition apparemment spontanée de bosquets libres, creusés d'allées ondoyantes.

La maison se situe sur le côté droit d'une propriété rectangulaire. Le jardin d'agrément est protégé par des haies taillées et des massifs d'essences diverses qui entourent des bordures de vivaces.

A l'ouest, le terrain présente une forte dénivellation. Isolé par un mur épais de haies taillées en glacis, un escalier en forme de "S" conduit à un verger de pruniers et de pommiers. Un premier projet prévoyait de créer ici un labyrinthe de forme ovale.

S'étendant vers le nord, une pelouse en pente mène vers une pièce d'eau située au centre du jardin, qui accueille des nymphéas entourés d'iris. Au fond, un bosquet aux ambiances sauvages est structuré par des allées en dolomie, des escaliers, des pelouses et des espaces excavés dans la verdure. Le jardin devient ici ombrageux; les feuillages qui touchent le sol se mêlent aux arbustes divers et aux rosiers.
Côté est, le plan de la maison est prolongé par un carré de haies et des pommiers taillés entourant le poulailler. On y trouve également un jardin d'épices et un potager. Les rhododendrons côtoient ici des baies blanches et rouges.
Plantes sylvestres et cultivées s'entremêlent dans cette combinaison à la fois sauvage et domestique, au spectre chromatique très contrasté.

Jardin à Schilde, 1980-1984

Jardin à Meer, 1982

MEER, 1982

La maison, au centre de la propriété, détermine ce jardin surprenant. Très construit, il est divisé en deux parties qui correspondent aux façades principales, orientées au nord et au sud.
Côté nord, une large pelouse est entourée d'un *shrub-border*. Deux axes visuels se croisent en son centre: l'un se clôture par un banc en fond de perspective, encadré d'une niche en ifs taillés orientée vers l'accès principal de la maison; l'autre axe est formalisé par deux bustes protégés par des hémisphères en ifs taillés, qui se font face à distance.
Autour de la maison, une pièce d'eau, visible uniquement de l'intérieur, est cernée de haies. La combinaison de buis et de haies taillés selon l'art topiaire combinent avec harmonie la sphère et le carré. Ce jeu de pleins et de vides articule la maison au reste du jardin.

Toujours aux abords du bâtiment, de vraies chambres de verdure se succèdent, abritant la piscine, une pépinière, un tennis et un potager. Celui-ci mène à un sous-bois de lierre, à l'ombre de pins géants.

Côté sud, le jardin se déploie à partir d'un hémicycle d'où part une pelouse en dénivellation. Elle aboutit à un bassin habité de plantes aquatiques. De grands arbres clôturent la propriété et côtoient des bambous et un sous-bois de lierre.

L'ouverture et la générosité des espaces dominent ce jardin, caractérisé par deux constantes dans le travail de Wirtz : l'invitation à la contemplation et à la promenade.

MOLENSTEDE, 1983-1984

A l'origine, cette propriété était la résidence d'été de notables demeurant à Diest. Le parc et l'habitation sont caractéristiques des résidences secondaires du début de ce siècle. La maison se développe en hauteur et semble disproportionnée par rapport à la surface du parc occupé par des grands arbres. La verticalité de l'édifice est encore accentuée par la surélévation du terrain à cet endroit. A l'origine, le parc était planté d'une manière assez uniforme: de nombreux hêtres de grande dimension encadraient la maison sur trois côtés. Dans un premier temps, des plantations ont été ajoutées sur les côtés nord, est et ouest de la maison, afin d'amortir sa hauteur, de créer un effet de "soutien". En seconde phase, le jardin fut enrichi d'un élément architectural particulier qui devait lui conférer un nouveau caractère. Un terrain de tennis entouré de grands arbres, situé au sud de l'habitation, fut transformé en piscine. Cette opportunité technique permit au paysagiste de requalifier cette partie du jardin tout en ancrant plus solidement la maison dans son site. Afin d'éviter le glissement de la piscine (un danger réel vu la présence des hêtres), un long mur de soutènement en pierre, imitant une ruine, fut installé transversalement dans le parc. L'axe longitudinal de la piscine s'est vu accentué, au nord, par la construction d'un mur en roches d'éclatement grises, avec bassin et fontaine. La piscine fut également agrandie, sur son côté le plus long, par un second bassin hémisphérique. D'autres axes se croisent dans cette partie du jardin et sont soulignés par un jeu de haies taillées.

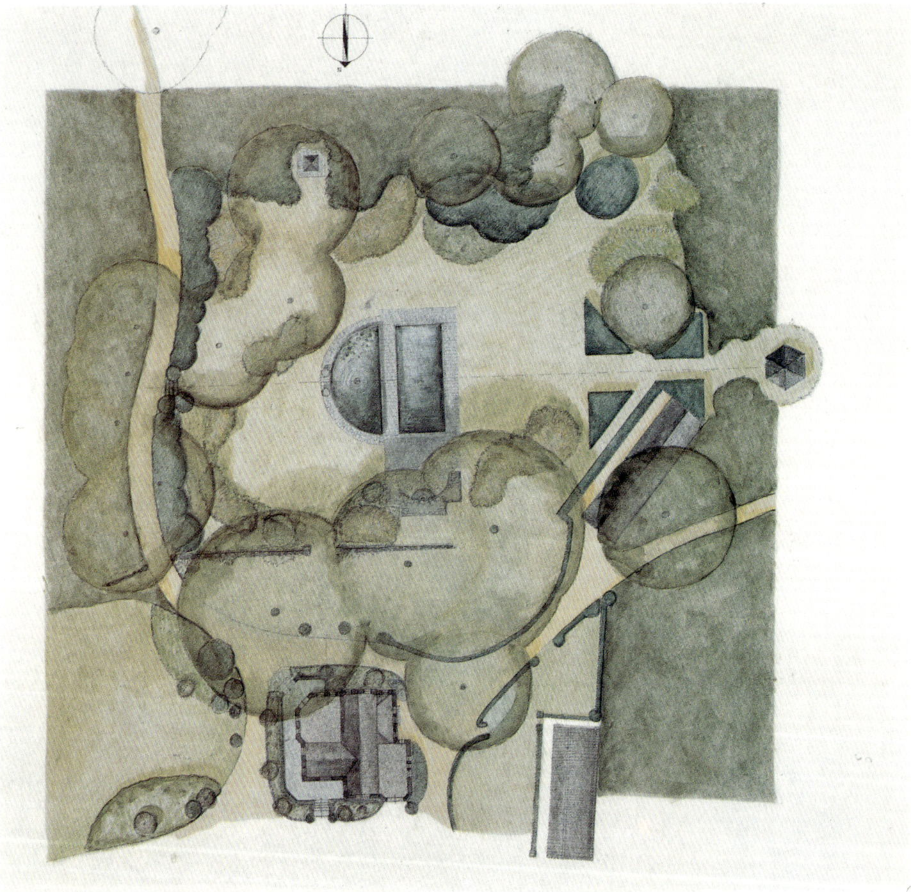

Jardin à Molenstede, 1983-1984

Jardin à Hansbeke, 1984

HANSBEKE, 1984

Jacques Wirtz est intervenu ici sur un jardin existant, conçu à l'origine par le célèbre paysagiste anglais Russell Page (1906-1985). Non seulement, le jardin n'avait pas été bien entretenu pendant de nombreuses années mais, surtout, il n'avait jamais été réalisé conformément au projet initial. L'accès à la maison une résidence de style néo-classique- est signalé par quelques buis taillés, disposés sur une pelouse que traverse une allée rectiligne et pavée. Le jardin se déploie derrière la maison, du côté de la façade sud.

Wirtz a choisi de conserver les arbres existants, de majestueux *Taxodium* disposés dans un espace très ouvert. Latéralement, un jardin d'agrément reproduit le motif d'un double drapeau anglais dessiné par des haies de buis très basses. Des triangles de verdure ont ainsi été créés, à l'intérieur desquels se mélangent de nombreuses essences. Au centre de la pelouse, le tracé d'un bassin rappelant la structure d'une basilique en croix a été corrigé, afin de mieux s'aligner dans l'axe de la maison. Cet axe se prolonge au-delà des clôtures par une succession d'arbres plantés sur un tracé en patte d'oie qui accentue l'effet de perspective. A droite, la terre récupérée par le déblai du bassin a été disposée en butte, sur laquelle s'alignent deux rangées de tilleuls. Un jardin potager avec un vieux verger protégé par une haie vient border la propriété qui se termine par un pavillon avec piscine. La maison est entourée de massifs de plantes vivaces et d'essences exotiques.

BELSELE, 1984-1985-1989

En pénétrant dans ce jardin par le nord, latéralement à la maison, on découvre d'abord d'impressionnants massifs de graminées ondoyant à la brise, tels des animaux fantastiques. La maison, conçue par l'architecte Marc Corbiau, est largement ouverte sur le jardin et en articule distinctement les trois parties principales.

Délimité à l'ouest par un miroir d'eau aboutissant à un pavillon, un premier jardin formé de bosquets abrite un sentier sinueux qui en parcourt les limites. De part et d'autre du sentier, des sculptures de bronze zoomorphes occupent ces lieux d'intimité et de découverte. Séparé de la pelouse principale par un alignement d'arbres sauvages, un second espace rectangulaire, aux proportions généreuses, est traversé par une allée centrale en creux. Un jardin de vivaces est planté au-delà de cet espace. La promenade se poursuit, au nord, vers la pelouse principale qui conduit à la maison. Côté rue, un jardin secret aux tons pourpres abrite une sculpture qui dialogue avec un des salons de la maison, bien séparé par des massifs densément plantés.

Rompant avec la tendance fréquemment pratiquée par Wirtz "d' enfermer" les espaces jardinés par des rideaux de verdure, ce jardin est largement ouvert sur son environnement immédiat : les champs de maïs répondent, à l'horizon, aux tonalités orange des graminées.

Jardin à Belsele, 1984-1985-1989

Jardin à Bellem, 1985

BELLEM, 1985

Le jardin se compose principalement de chambres de verdure parallèles, disposées perpendiculairement à une élégante ferme flamande construite en briques d'un rose intense. Jardin minimaliste dans sa structure, monumental par ses proportions, il consacre l'omniprésence des verts. La division des espaces, par de simples haies taillées de hauteur moyenne, n'établit pas de hiérarchie, mais plutôt des rythmes très ordonnés.

Nous sommes ici sur un terrain humide. Un long canal contribue à l'évacuation des eaux, parcourt les limites extérieures de la propriété et permet la croissance de plantes aquatiques. Une roseraie accueillante précède la maison et en borde le sentier d'accès. Côté sud, sur la première des grandes chambres, s'élève une tour de guet datée du XVIIème siècle. Des massifs de fleurs forment un socle autour d'elle et soulignent sa majesté.

Des allées parallèles à la maison proposent plusieurs parcours sur une vaste étendue de gazon. Des pommiers et des poiriers, disposés sans ordre apparent, suggèrent la présence d'un potager. De part et d'autre, le jardin est encadré de deux longues pièces étroites que prolonge, à perte de vue, une perspective de tilleuls. Ces interminables galeries sont ponctuées par des bancs de bois, disposés dans des niches.

SCHOTEN, 1985-1986-1989

Une forêt de hêtres abrite en son centre une clairière où se dresse la maison. Un jardin entoure l'habitation, un peu comme une enceinte : l'eau, les haies, les ifs taillés créent ici un environnement d'une grande noblesse. Des tilleuls, disposés en cercles jumeaux devant l'entrée principale de la maison, dissimulent les parkings. Un axe visuel part de cette entrée pour aboutir à la forêt, plein nord : il est souligné, dans le dessin du canal qui entoure le jardin, par un motif en demi-cercle et se termine par un simple banc déposé sur le gazon, aux limites visuelles de cet espace.

En bordure de la maison, un jardin de vivaces encadré de haies taillées se développe en terrasses et culmine au pavillon qui abrite la piscine.

Du côté de l'étang, des buis taillés en "dos de mouton" sont disposés en demi-cercle : ils cadrent le regard vers une percée qui pénètre dans la forêt.

Les rhododendrons, taillés à hauteur des sous-bois, marquent la frontière entre les espaces domestiqués et la forêt.

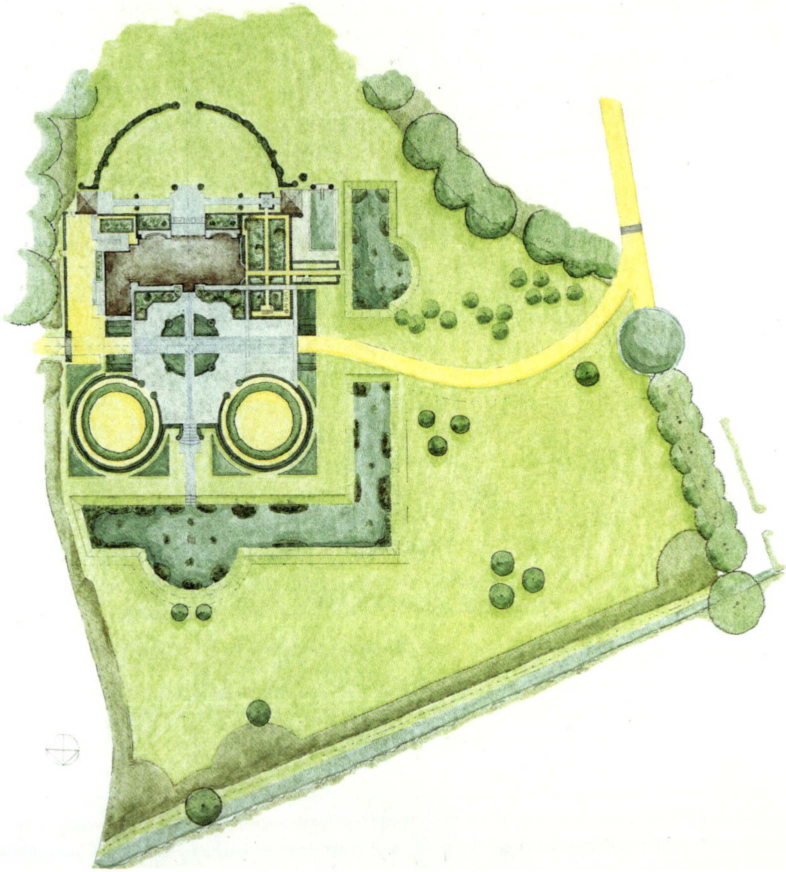

Jardin à Schoten, 1985-1986-1989

Jardin à Aartselaar, 1985-1987-1989

Aartselaar, 1985-1987-1989

Ce jardin a été conçu et réalisé en deux phases qui ont donné lieu à la création de deux espaces très différenciés. Comme dans d'autres cas, la maison contribue à déterminer le dessin du jardin. D'un côté, elle s'ouvre par une vaste baie vitrée sur une pelouse en amphithéâtre, dont la pente aboutit à un écran de bambous. Cette partie du jardin n'est entièrement perceptible que de l'intérieur de la maison. Deux pièces d'eau parallèles, captant et multipliant les reflets et les ombres, divisent l'espace et créent une sensation de profondeur contrastant avec l'effet d'enfermement produit par le mur de verdure qui clôt la perspective aux limites de la propriété. Un sentier en dolomie longe cette enceinte naturelle et permet d'observer, sous un autre angle, les sculptures disposées sur le gazon. La seconde partie du jardin, côté est, est très structurée. Elle descend par paliers concentriques à partir de la baie de la salle à manger, dessinant une composition à gradins qui agrandit visuellement le terrain, bien au delà du réel.

Le jardin paraît plus destiné au regard qu'à l'usage. Les combinaisons chromatiques et la diversité des textures des plantes lui confèrent une grande intensité. Les feuillages, tressés d'après des modèles différents, les dégradés de verts, des plus toniques aux plus doux, évoquent les jardins miniatures d'inspiration extrême-orientale, où le monde est représenté à petite échelle.

Kontich, 1988

Le caractère très éclaté de ce terrain est d'abord apparu comme un handicap. Cependant, sa forme en "T" a permis au paysagiste de composer un jardin bien structuré, selon des parcours et des éléments clairement hiérarchisés.

L'élégante maison de style nord-américain est située en bordure d'un premier rectangle auquel a été ajouté, perpendiculairement, un deuxième espace rectangulaire, plus vaste. Du côté de l'entrée, les abords de l'habitation ont été aménagés avec des *mixed borders* au dessin géométrique et régulier. Le rapport visuel de l'intérieur de la maison à cette partie du jardin est très étudié : l'échelle est réduite, les tracés sont symétriques. De l'autre côté, la façade nord s'ouvre sur une vaste pelouse traversée par une allée rectiligne qui se termine par une gloriette en charmille. Latéralement, quatre massifs taillés en forme de ruches d'abeilles déterminent l'axe qui aboutit, dans le second rectangle, au centre d'un grand cercle formé par une haie de hêtres. Cet axe enjambe, par un pont de bois, une longue pièce d'eau invisible depuis la maison mais signalée par de nombreuses plantes aquatiques. Cette pièce d'eau joue à la fois un rôle de division et de transition entre les deux espaces qui composent le jardin.

La sobriété des éléments mis en œuvre contraste avec l'impression de faste et de célébration de la nature qui se dégage ici, dans un esprit à la fois religieux et païen.

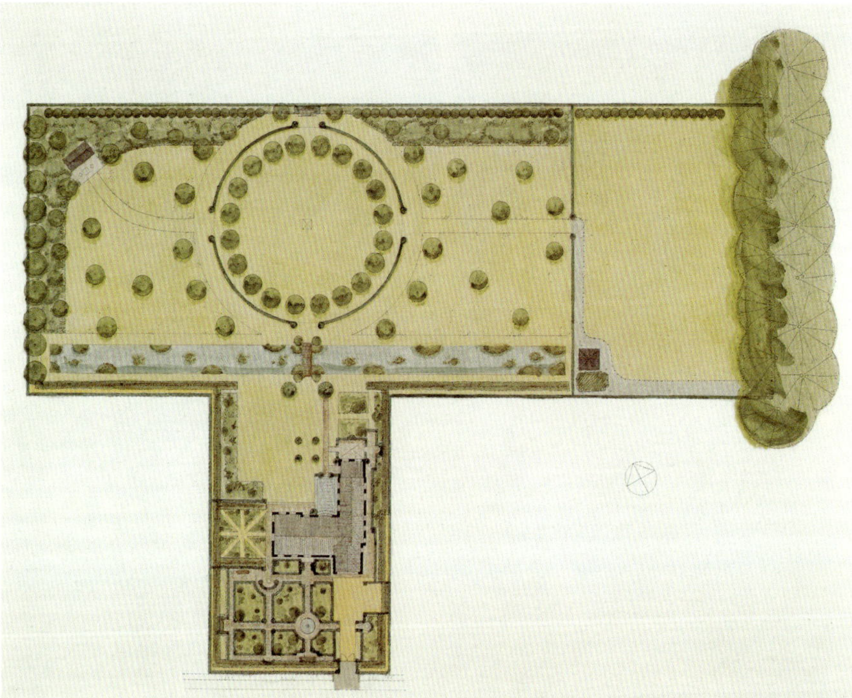

Jardin à Kontich, 1988

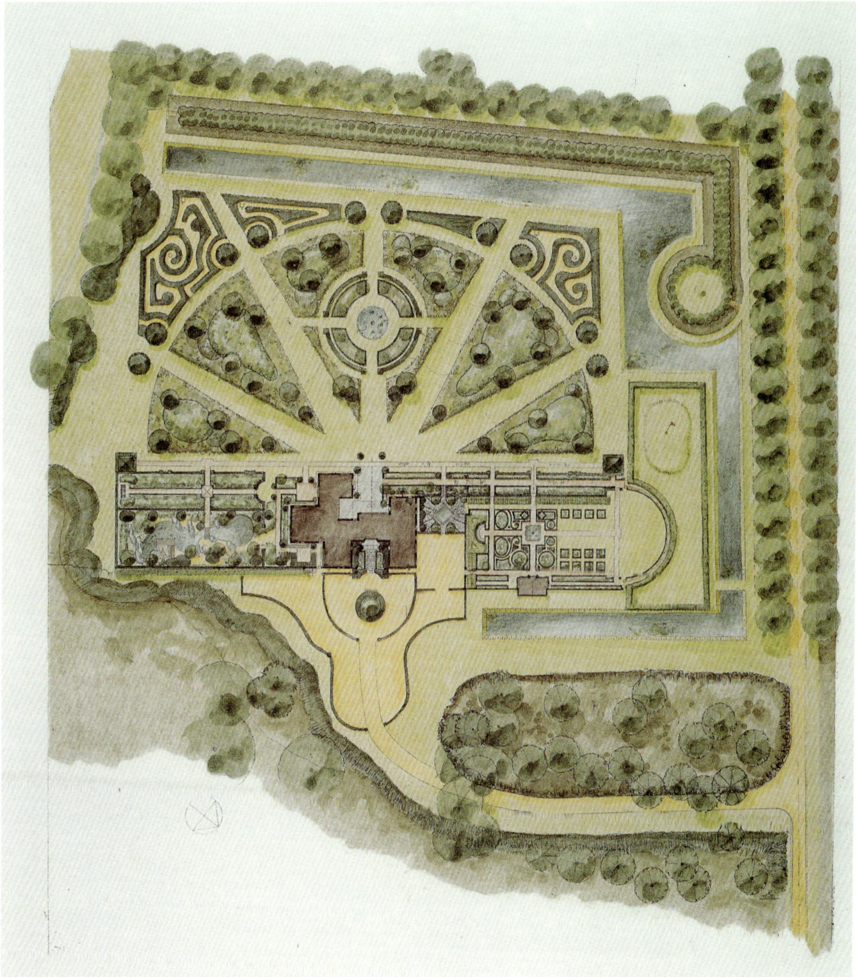

Jardin à Schoten, 1989

Schoten, 1989

Bordé d'un canal et d'une haie taillée en cascade qui s'étend sur les limites nord et ouest de la propriété, ce jardin est une des créations les plus éclectiques de Jacques Wirtz.

Les formes et les essences y sont combinées avec une grande liberté : des broderies de *Fagus sylvatica* entourent des massifs de graminées dessinant un vaste éventail nervuré de passages radiaux.

Un jardin de vivaces planté au nord-ouest de la maison reprend les formes très classiques d'un jardin "à la française". Un jardin d'inspiration japonaise, où l'eau est l'élément dominant, fait contrepoint au jardin de vivaces, de l'autre côté de l'habitation.

Le jardin se déploie à partir d'un centre visuel clairement formalisé par la façade arrière de la maison. A partir de là, le jardin est très ouvert et on n'y trouve pas d'arbres volumineux; le site est dominé, en fond de perspective, par les bois qui bordent et isolent le jardin.

Les massifs de graminées sont associés à des arbres buissonnants; des ifs et des hêtres taillés, placés aux points de confluence et de divergence du tracé, accentuent la géométrie de la composition. De même, le grand bassin circulaire, situé au centre du jardin, compense la centralité de la maison et s'offre comme un cœur d'où jaillit la verdure.

Sint-Niklaas, 1989

Dans ce petit jardin de ville, le paysagiste à été contraint à travailler tout en intensité. La petitesse de l'espace et l'emplacement en surplomb de l'habitation l'ont conduit à maîtriser à la fois la vue et l'ouïe.

Visible depuis le premier étage de la maison, le jardin joue sur le double thème du cercle et du carré. Le centre de la composition est occupé par un jardin d'eau avec une fontaine qui se ramifie en un réseau de canaux en croix et entoure un cercle de haies de *Taxus.* Deux gloriettes soulignent la rencontre du cercle avec les branches de la croix. La disposition symétrique des haies, des sentiers, des canaux et des pavés est adoucie par la plantation d'arbustes qui entourent le jardin et par des massifs de vivaces. L'intimité du jardin est assurée par un lattis couvert de végétation qui court le long des murs de clôture.

Jardin à Sint-Niklaas, 1989

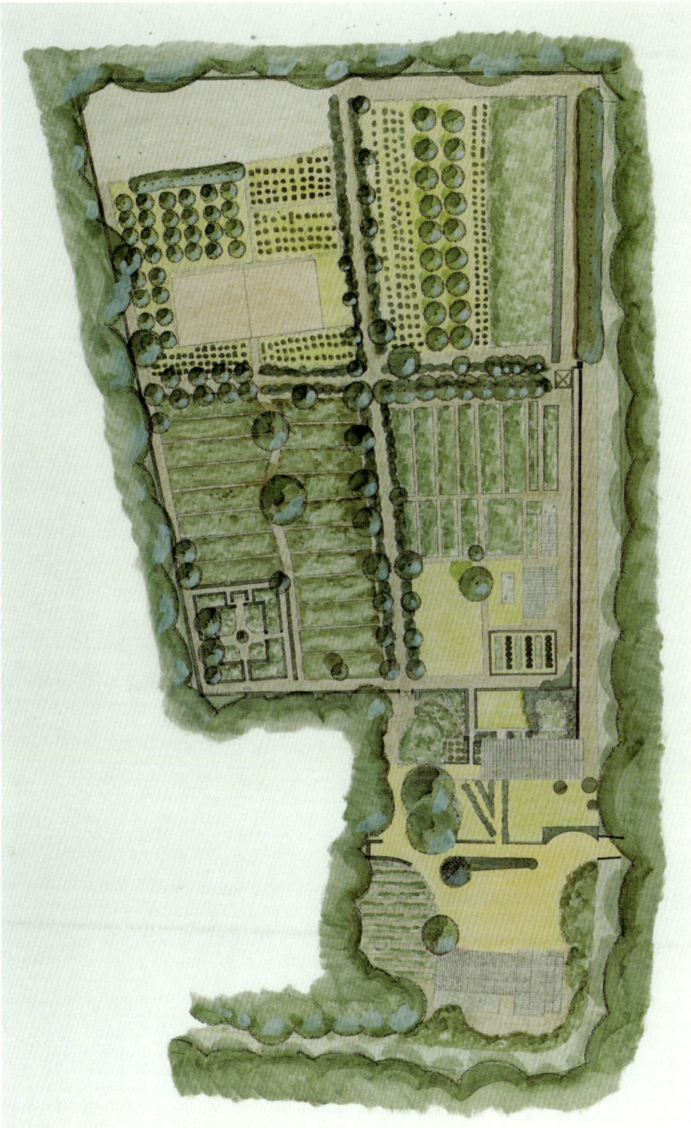

Le jardin personnel de l'architecte-paysagiste

Le jardin Personnel de l'Architecte - Paysagiste

Bartomeu Marí

Jacques Wirtz s'est établi près d'Anvers, il y a plus de vingt ans, dans la propriété du Botermelk. Il y occupe, sur un modeste terrain de forme rectangulaire, l'ancienne maison du jardinier d'un château avoisinant. Ses bureaux sont aménagés dans les écuries, à proximité de la maison.

A l'époque de son installation, seuls quelques arbres fruitiers mal entretenus et des buis rendus presque sauvages par les années d'abandon occupaient le jardin.

Pour accéder au domaine, on traverse la région de Schoten, au nord d'Anvers. Le paysage y est dominé par une succession de vastes demeures bourgeoises, entourées d'une nature généreuse et abondante.

On découvre le jardin de Wirtz après avoir franchi une haute haie de charme qui forme une chicane et mène, par le sud, à l'habitation. Sur une pelouse, des alignements de buis dessinent les allées de ce premier jardin, sorte d'antichambre au "jardin-pépinière".

Le second jardin est dominé par le tracé de deux allées perpendiculaires formant quatre grands rectangles. Bien que cette structure orthogonale soit déterminante, le jardin est riche de formes capricieuses, apparemment non dessinées: l'architecte y entretient savament une impression d'équilibre entre maîtrise et spontanéité. A la fois manifeste et laboratoire du travail de Jacques Wirtz, le jardin n'a cependant rien de spectaculaire.

Sa simplicité, sa rigueur conceptuelle permettent plutôt d'en comprendre le principe. C'est là que Wirtz "collectionne" les plantes, qu'il les améliore, les fait grandir avant de les replacer dans d'autres jardins de sa création.

Des pommiers et des pruniers occupent un premier rectangle, délimité par des allées bordées de buis taillés en "dos de mouton".

Un jardin d'agrément -une constante des jardins de Wirtz- est niché dans l'angle sud-ouest, assez loin de la maison. Il est entouré de haies qui protègent différentes variétés de roses. Par sa densité, la roseraie contraste avec le reste du jardin, très ouvert et dépouillé.

De grands buis sauvages cernent la base d'un cyprès, à proximité de l'habitation. Les vivaces s'alignent sur un second rectangle du jardin-pépinière auquel succèdent, au nord, des alignements de buis, taillés en forme de cônes, de spirales ou de cubes.

L'ensemble est entouré d'un bois de hêtres et de chênes. Les rhododendrons y poussent, sauvages, et encerclent le jardin où seule l'intense activité des jardiniers détourne de la contemplation.

Véritable laboratoire, le jardin de Jacques Wirtz est en mouvement perpétuel; la transplantation des essences le fait constamment évoluer comme les saisons en changent sans cesse les tonalités.

Ce jardin porte en lui toutes les caractéristiques des créations de Wirtz: un dialogue permanent avec la nature environnante, la simplicité de la disposition des plantes, la clarté du plan, l'invitation au regard depuis l'intérieur de la maison, la définition des parcours sur le terrain, le jardin d'agrément enclos et protégé, une palette de couleurs aussi sobre qu'harmonieuse.

Les Espaces à la Disposition du Public

Bartomeu Marí

Comment l'approche proposée par Jacques Wirtz dans les jardins privés est-elle transposée dans la réalisation des parcs publics conçus par lui ? Comment transmettre ce savoir-faire, la générosité et la complexité du végétal, à un usager public, indéfini ? Comment gérer les spécificités et les contraintes de la commande publique ? Où se font les choix que les limites de l'espace public imposent ? Telles sont, entre autres, les questions que pose l'œuvre publique de Jacques Wirtz.

C'est au désir de nature, au besoin de recueillement et de contact avec elle que Wirtz entend répondre avant tout; avec cette conviction qu'un parc est un besoin social, dont le fonctionnement reste cependant irrationnel, non maîtrisable. Ce désir et ce besoin s'expriment d'autant plus que la conservation de la nature est aujourd'hui, à l'aube du XXI ème siècle, l'un des défis les plus urgents que l'homme doit relever. Vivre avec la nature ou succomber avec elle, l'enjeu ne s'était posé jusqu'ici dans des termes aussi clairs, aussi oppressants.

L'écologie fait désormais partie des discours politiques et économiques. Le rapport de l'homme à son environnement naturel est devenu aussi important que le travail et il s'impose comme condition nécessaire à son bien-être. Les parcs publics rencontrent les nouvelles formes de vie urbaine: de nouvelles valeurs apparaissent dans les bagages d'une culture où la ville a cessé d'imposer un modèle exclusif et universel. Le parc public devient un lieu de ralliement, un facteur de rencontre.
Hérités des grandes propriétés urbaines du XVIIIème siècle, les parcs publics n'ont subi de réelles transformations, dans leur conception et dans leurs images, que très récemment. Dans les années soixante, la notion "d'espace vert" supplanta progressivement les notions traditionnelles de parc, de jardin, de square... L'art des jardins perdait du même coup ses lettres de noblesse. Il ne s'agit plus aujourd'hui de remplir les vides laissés par les démolitions ou les espaces "interstitiels" entre les immeubles. Il s'agit de créer de véritables entités spatiales, des lieux d'échange et de communication: des lieux publics.
Wirtz a tiré parti des évidences observées tout au long de sa carrière: il sait que des parcs pauvrement plantés ne suffisent pas à satisfaire aux besoins des citadins; qu'une nature trop fragile ne permet pas un usage intensif et non contrôlé; que des espaces trop dépouillés n'offrent aucune forme d'intimité et de dépaysement. Il est également conscient des limites qu'imposent la propriété publique du terrain, l'entretien du jardin, les normes qui en régulent le fonctionnement. Il a eu, souvent, l'occasion de se voir associé à des architectes, à des urbanistes, à des hommes politiques et il connaît les difficultés du consensus. Il s'agit donc pour lui de bien distinguer la part anthropologique, la part politique, de la conception de ces espaces publics.
Les parcs présentés ici ne constituent qu'une sélection parmi les créations de Jacques Wirtz. Ils illustrent une diversité de programmes et de solutions.

Chaque parc a sa spécificité, ses contraintes, ses qualités. Aussi différents qu'ils puissent nous paraître, ils expriment tous cette même liberté créatrice mise au service de la vie urbaine, mais qui s'en réfère toujours à la forêt. Cette référence à la forêt est si présente dans l'œuvre de Wirtz qu'on serait tenté d'y voir un geste de refus de la ville. Ses parcs sont plutôt le résultat heureux de retrouvailles: celles de la ville et de la campagne, celles du paysagiste et du jardinier, du concepteur et du public dans lequel le paysagiste se projette.

On décèle souvent, chez Wirtz, l'attrait de la nature dans son état le plus sauvage. Intervenant sur des sites déjà plantés, comme au parc *Cogels* à Schoten par exemple, ou sur le campus de l'Université d'Anvers, ses priorités vont toujours à la végétation, aux sensations qu'elle doit provoquer. Tout est alors mis en œuvre pour protéger et enrichir l'activité du promeneur, pour l'accueillir et le surprendre: diversité d'ambiances, liberté d'expériences; l'architecture, l'ordre n'y sont pas dominants.

Une des caractéristiques communes aux parcs urbains choisis ici réside dans la volonté de protéger l'intérieur du jardin public, une protection qui va de pair avec son autonomie visuelle et auditive. Ces parcs sont souvent isolés de leur environnement par des "rideaux de verdure". Leurs qualités résultent plus de leur valeur intrinsèque que de leurs rapports structurels avec d'autres éléments urbains.

Les idées directrices exprimées par Wirtz sont fondées sur l'intuition, la sensibilité aux besoins sociaux, le savoir-faire et les connaissances pratiques qu'il revendique comme les clés de son métier. Dès lors, il paraît impossible de formuler une théorie spécifique aux parcs publics qui s'inscrivent dans le prolongement évident de son œuvre "privée".

Quand je pense à tout ce que l'on dépense dans les grandes villes pour la création des parcs pour lesquels il n'y a pas d'argent, et où l'on travaille alors par petits *morceaux, avec des plans d'eau, des petites plantes, des petits ponts et tout ce qu'on appelle "mobilier urbain", au lieu de faire des choses toutes simples, ce qui permettrait de mettre beaucoup plus rapidement des grands espaces à la disposition du public...**. Voici, simplement énoncée, la tâche du paysagiste telle que Wirtz la conçoit. En effet, chaque commande publique est un défi et une responsabilité qu'il assume à part entière, au-delà du succès esthétique ou médiatique de telle ou telle intervention. Ici, le dialogue avec les commanditaires est certainement d'une autre nature que celui qui s'établit lors de l'aménagement d'un jardin privé: commanditaire ne veut pas dire usager.

Les plantations existantes et le site original du parc *Cogels,* dans le village de Schoten, ont permis à Jacques Wirtz de jouer avec différentes essences, dans des combinaisons très fines.

Le contexte de *Bremweide* est tout à fait différent: nous sommes dans une banlieue de l'après-guerre, dont l'architecture rappelle à Wirtz les anciens "meubles de cuisine". Situé sur une ancienne décharge publique, le parc a créé ici un nouvel espace urbain. Le plan du jardin est très ouvert et très peu directif: on s'y sentirait poussés à la dérive. Des essences autochtones y ont été plantées; les arbres poussent vite et l'entretien est minimum.

C'est dans le campus de l'Université d'Anvers que Wirtz a mené l'entreprise conceptuelle et technique la plus importante. Il y a créé de véritables écosystèmes où végétation, eau et zoologie font oublier un cadre architectural difficile.

Enfin, le *Zuiderdokken* à Anvers, conçu en collaboration avec l'architecte Georges Baines, permet la récupération d'un vaste espace sans affectation précise, superbement situé à l'intérieur de la ville ancienne, près de l'Escaut. Wirtz et Baines rendent le lieu aux habitants du quartier tout en proposant la plantation de différents jardins thématiques, qui se succèdent le long de cette esplanade qui n'était jusqu'ici qu'un long espace inanimé.

Récemment, Wirtz s'est vu confier l'aménagement du jardin du Carrousel aux Tuileries, à Paris. C'est sûrement la commande publique la plus importante de sa carrière; mais elle n'est pas la première qui lui vienne de France, où son œuvre est bien connue et très appréciée. En effet, Wirtz a déjà signé le réaménagement des jardins du Palais de l'Elysée à Paris et, toujours dans le domaine public, l'aménagement du site accueillant le Festival des Jardins à Chaumont, en 1992.

Loin des modes et des discussions théoriques, l'œuvre publique de Wirtz ne fera sans doute pas école et ne se prolongera en tous cas pas par la répétition de telles formes, de tels motifs, de telles essences. Ce qu'il transmet, c'est cette capacité à reconnaître l'essentiel, l'importance qu'il accorde au jardinage, la rigueur et la cohérence des gestes qu'il pose et cette compréhension de la nature de l'espace public dont il sait que la seule expérience que l'on puisse en avoir est une expérience privée.

Bremweide à Deurne, 1970

Véritable île de verdure, ce parc a été réalisé pour les habitants d'un quartier périphérique d'Anvers, sur une ancienne décharge, un terrain vague de quelque trente hectares. L'architecte paysagiste a d'abord isolé le lieu de son environnement ingrat, en marquant ses frontières au moyen d'épais rideaux d'arbres et d'essences indigènes. Il a ensuite réalisé le parc à partir d'un dessin élémentaire. En effet, tout a été mis en œuvre pour disposer de vastes espaces libres, sans hiérarchie ni circulations dominantes. Les déchets ont été repoussés sur les côtés, afin de créer des digues recouvertes de terre et boisées de façon très dense.

*Je voulais donner aux habitants du quartier (...) la possibilité de disposer de grands espaces non organisés, sans chemins, sans sentiers, mais bien avec de grands bossages. Donner aux gens l'illusion d'être ailleurs.**

Des hêtres, des aulnes, des érables des champs poussent avec générosité. Tenant compte des travaux d'entretien et de conservation ultérieurs, Wirtz a réduit les interventions au minimum: ici, la nature se régénère spontanément, il suffit de tondre régulièrement les pelouses.

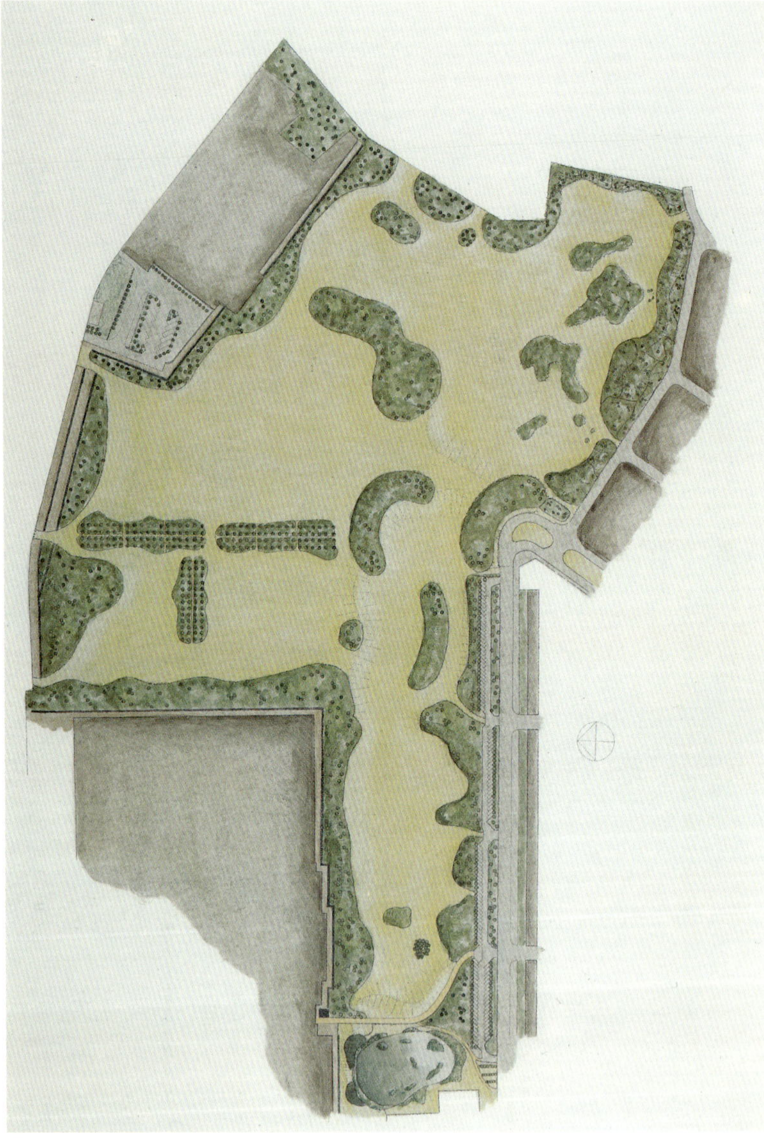

Bremweide à Deurne, 1970

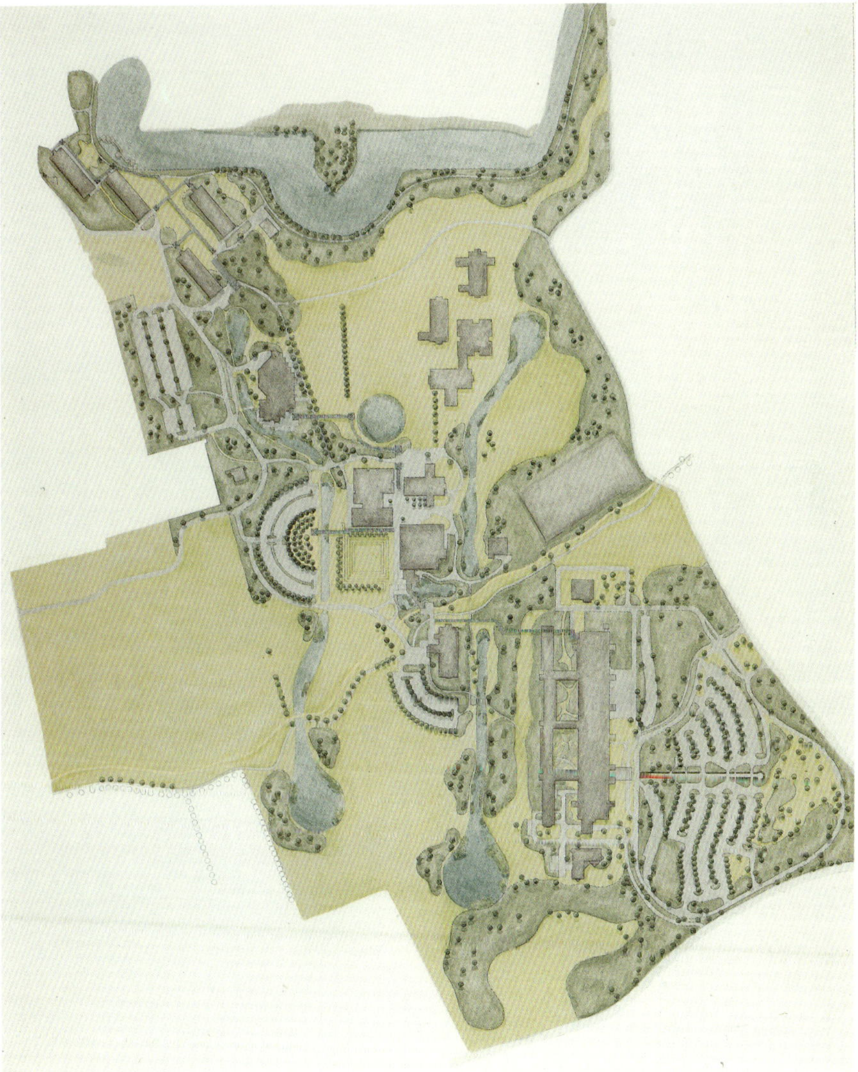

U.I.A. à Anvers, 1970-1980

U.I.A. À ANVERS, 1970-1980

Les conditions particulières de la commande d'aménagement paysager du campus de l'Université d'Anvers ont donné naissance à un projet très élaboré, dominé par la volonté de rendre tout l'espace piétonnier.

Associé aux architectes et urbanistes depuis 1973, Jacques Wirtz a pu, dès l'origine, concevoir son jardin en fonction de l'architecture et de l'implantation des édifices: dispersés sur le site, d'échelles et de formes variées selon les nécessités du programme, les bâtiments universitaires reflètent bien les credos modernistes de l'époque.

Wirtz a aménagé les zones de parking de façon très architecturée. A partir de là, se déploie un réseau de sentiers, d'allées et de chemins tortueux.

La végétation luxuriante s'étage sur trois niveaux, afin d'adoucir l'impact visuel des édifices. L'eau, toujours présente, se ramifie en plusieurs grands bras. Elle contient des plantes aquatiques qui créent de nouveaux micro-climats, des écosystèmes dotés de vies organiques privilégiées. L'emploi intensif d'arbres fruitiers sauvages favorise la multiplication de fleurs et de baies qui attirent une faune abondante. Ainsi, le campus est-il devenu une sorte de réserve naturelle.

Vu l'expression fonctionnelle des bâtiments,
e partais toujours du principe que leur approche devait être libre
et non organisée.
Les bâtiments d'une telle importance sont souvent une violation du paysage.
C'est pourquoi je souhaitais amortir cette blessure
par une forte présence végétale.
*e voyais des plantations denses, délimitées par des sentiers sinueux et amicaux.**

Cogels à Schoten, 1977-1978

Dans cet ancien domaine privé comprenant une maison de maître, Jacques Wirtz a tiré parti de la présence des grands arbres. Afin de revitaliser le sol, il a entouré la base des troncs d'une végétation basse qui suit le contour des frondaisons. Comparant ces arbres immenses à des "bâtiments", il a fait ériger des pyramides de différentes hauteurs en pavés bleus, certaines d'entre elles étant entourées par des massifs de bambous. Une variante s'impose toutefois à l'entrée du parc, où les pyramides sont réalisées en lierre.
La végétation est tellement dense qu'à certains endroits elle recouvre entièrement les sentiers, les faisant ainsi disparaître. Ailleurs, d'amples pelouses s'étendent entre de longues allées de dolomie.
Au centre du parc se trouve un étang aux contours très souples et peuplé de nombreuses variétés de plantes aquatiques. Les limites extérieures du parc sont abondamment plantées, ce qui l'isole de son environnement urbain.
S'appuyant sur l'histoire du lieu, Wirtz a créé ici un espace public riche à la fois de la densité de sa végétation et de l'ouverture de ses espaces libres, de la lisibilité de son plan et de la discrétion des passages cachés : un parc public qui cherche aussi à recréer, pour les habitants du quartier, les qualités propres aux jardins privés.

Ce que j'aime dans ce jardin, ce sont ces grands espaces qui courent à contresens et qui sont habités au hasard par ces grands arbres qui rayonnent une énorme force horizontale.
*De plus, nous trouvons des petits sentiers tortueux enfermés dans les arbustes mais qui débouchent sur de grandes aires de pelouse.**

Cogels à Schoten, 1977-1978

Het Pand à Gand, 1991

Het Pand à Gand, 1991

On découvre ce jardin, légèrement surélevé par rapport au niveau de la rue, lorsqu'on accède au centre culturel dont il a pris le nom.

Seuls les carpinus, qui s'élèvent contre la façade de l'immeuble en briques rouges et imitent d'anciennes arcades, sont visibles de la rue.

Au cœur de la vieille ville de Gand, le jardin occupe une surface d'environ cent mètres carrés. Une allée centrale, très structurée, ordonne par sa disposition symétrique deux pièces d'eau rectangulaires, entourées de haies taillées à différentes hauteurs.

Le site imposait de lourdes contraintes: la dalle d'une centrale électrique ne donnant qu'une faible profondeur de terre; le cadre imposant des façades qui, alignées autour du jardin exigu, ne permettent pas une continuité visuelle avec l'environnement.

La végétation est basse, ce qui permet de traverser le jardin tout en ayant une vue d'ensemble de son tracé.

Zuiderdokken à Anvers, 1991

En collaboration avec
L'Architecte Georges Baines

Ce projet de parc recouvre trois anciens docks (environ 8 hectares) disposés parallèlement à l'Escaut, dans la partie sud de la ville. Comblés en 1968, ces docks sont devenus le centre d'un quartier densément habité, qui abrite le Musée des Beaux-Arts et les nouveaux musées d'art contemporain et de photographie. L'espace ainsi récupéré est néanmoins resté inoccupé, tout juste bon à servir de parking. En faire un nouveau parc aurait été la première initiative du genre, à Anvers, depuis le siècle passé: le projet est malheureusement resté sur le papier sans qu'aucune suite concrète n'ait été envisagée.
Le tracé des anciens docks est rappelé par la disposition d'un canal périphérique qui divise le parc en trois parties. Ce canal est bordé sur chaque côté d'un mail surélevé, qui isole le jardin du bruit de la rue et offre aux promeneurs une sorte de long belvédère.

Dans la partie sud du parc, on trouve d'abord un jardin "didactique" d'herbes et de fleurs, protégé par un mur. On entre ensuite dans un second espace, un jardin minéral abrité par un toit de verdure, avec un kiosque-restaurant comme point d'attraction. Au centre de la composition, un vaste parc ondulant s'étend avec des massifs aux formes souples, densément planté sur son pourtour; au centre de ce parc est disposé un étang. La transition se fait par un jeu de pergolas et de massifs végétaux moulés sur des formes grillagées et disposés autour de l'escalier qui donne accès à l'eau. Enfin, à l'extrémité nord, un dernier jardin est destiné à la récréation active, avec des terrains de sport polyvalents et un théâtre de plein air qui pourrait accueillir toutes sortes de manifestations culturelles. Plusieurs fabriques -l'accueil, un abri, des sanitaires, un centre d'information,...- viennent compléter cette composition d'ensemble.
La volonté qui domine ce projet est de rendre aux habitants du quartier, et aux piétons en général, un espace de calme, un havre de paix, un lieu de rassemblement, permettant de "se retrancher du trop plein de la ville" (B. Huet). En même temps, ce projet renoue le dialogue qui existait jadis entre les deux rives des docks, articulant les espaces publics, encourageant les traversées, restituant des vis-à-vis et des échelles. Faute de parc, Wirtz nous aura au moins légué ici ce somptueux exemple de "grand projet urbain".

Projet pour le Zuiderdokken à Anvers, 1991

André Le Nôtre,
plan du jardin
des Tuileries,
XVIIème siècle

Tuileries: Le jardin du Carrousel

un espace emblématique

Catherine Laroze

C'est en 1990 que le réaménagement du jardin du Carrousel, dans le cadre de la réhabilitation du jardin des Tuileries, est officiellement et définitivement confié à Jacques Wirtz.
Ce projet, dont l'intérêt et les enjeux paysagers sont passionnants, est sans doute un des sujets les plus difficiles et les plus délicats qui ait été offert, depuis de nombreuses années, à la réflexion des paysagistes.
Le jardin des Tuileries fait en effet partie de ces lieux à forte charge historique, culturelle et émotionnelle, dont la remise en question et les modifications soulèvent d'innombrables questions.
Témoin d'une période majeure de l'histoire de France, ce jardin a accueilli dans ses vastes et ombreuses allées les plus puissants monarques, les hôtes les plus prestigieux, les artistes les plus renommés. Créé par Catherine de Médicis il y a plus de quatre siècles dans l'esprit propre aux jardins de la Renaissance italienne, le jardin fut souvent modifié au gré des modes et des caprices de ses propriétaires, s'agrémentant de labyrinthes, de théâtres de verdure, de salles de bal, mais aussi d'une magnanerie et d'une orangeraie, tour à tour lieu de délassement royal, terrain de chasse et même promenade élégante puisqu'il est un des premiers jardins à ouvrir ses portes au public et cela, dès le XVIème siècle.

C'est André Le Nôtre, dont le père et le grand-père étaient déjà en charge du jardin des Tuileries, qui, à la demande de Louis XIV, modifie le jardin, lui conférant la physionomie qu'on lui voit aujourd'hui encore. Tirant magnifiquement parti des lieux, André Le Nôtre lui communique, grâce à une composition inégalée, ce supplément d'existence et de beauté. Unissant le jardin au palais, ouvrant les perspectives, créant des miroirs d'eau qui réfléchissent le ciel, redéfinissant avec génie les proportions et les respirations de l'ensemble. Le Nôtre offre ainsi aux Tuileries une splendeur nouvelle, une réelle et grandiose majesté.

Mais curieusement, celui qui est aujourd'hui le plus visité des jardins à la française, offrait depuis quelques années une image de dégradation telle que l'on avait le sentiment que tous les jardiniers l'avaient déserté. Parterres étriqués, pelouses usées, allées si poussiéreuses qu'on hésitait parfois à les traverser; le jardin semblait s'être dépouillé de son contenu et de son sens, meurtri par le manque d'attention des promeneurs et par les trop nombreuses manifestations qui y avaient lieu. Le lancement du programme du Grand Louvre en 1981 et, parallèlement, la création du Musée d'Orsay en 1987 concrétisent l'urgence d'une telle réflexion. C'est ainsi qu'en 1989, le Président de la République prend la décision de refaire de ce jardin, situé au cœur d'un des périmètres culturels les plus prestigieux, un espace emblématique de Paris et de la France.

Immédiatement, pourtant, se pose un problème de fond, un problème essentiel puisqu'il concerne la dimension historique des Tuileries et l'orientation du projet. Doit-on en effet s'en tenir strictement au plan édifié par Le Nôtre ou bien, au contraire, créer *ex nihilo* un nouveau jardin, un vrai jardin contemporain?

Entre une reconstitution fidèle n'ayant plus de raison d'être, compte tenu de l'évolution du contexte propre au jardin -celui-ci n'ayant plus rien à voir ni

avec une représentation du pouvoir ni, d'autre part, avec son environnement initial puisqu'il avait été créé comme pendant au palais des Tuileries aujourd'hui détruit et qu'il était situé à l'origine en plein champs-, et une réalisation qui évincerait toute référence au passé, le choix est fait. Le nouveau jardin des Tuileries sera à l'image même de ce vers quoi il a toujours tendu: celle d'un jardin qui honore son passé et qui pourtant est le reflet vivant de l'art des jardins contemporains.
Ainsi, tout en respectant une architecture unique en son genre, ce jardin offrira aux visiteurs ce qu'il y a de plus sophistiqué et de plus pointu en matière de recherche sur le paysage.

Première consultation : le projet d'ensemble

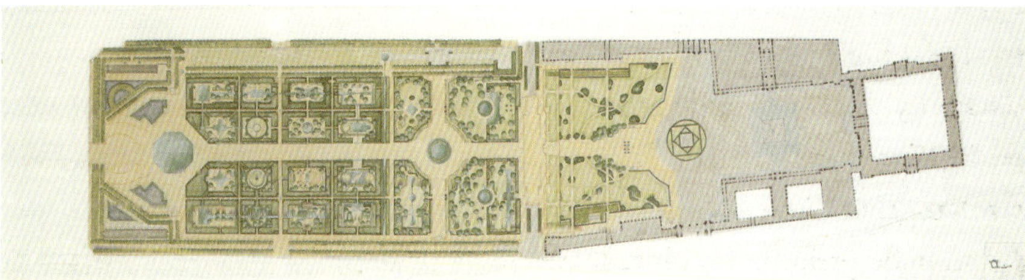

Premier projet de Jacques Wirtz pour l'ensemble du jardin des Tuileries, 1990

Huit paysagistes de sensibilités, d'écoles et d'origines différentes, sont alors consultés en mai 1990 et invités à rendre un projet concernant la totalité du jardin. Cette première étape, bien qu'elle n'ait pas conduit à l'attribution du jardin à un seul et unique paysagiste, comme la suite le montrera, a néanmoins permis à ces derniers de s'exprimer en toute liberté et sans retenue sur un projet des plus complexes.

Ce jardin de 28 hectares, situé en plein cœur de Paris, recèle de nombreux écueils, chacun d'entre eux faisant appel à des interventions spécifiques. Ainsi, de la cour où s'élève l'Arc de Triomphe du Carrousel, située entre les ailes du Louvre, au Grand parterre, ex-jardin réservé de Louis-Philippe où se trouve le bassin rond, puis au Grand couvert ombragé de hauts arbres et enfin au Fer à cheval créé par Le Nôtre avec son bassin octogonal et ses deux rampes de pierre qui s'ouvrent telle une proue de navire sur la place de la Concorde, on passe d'une époque à une autre, d'un usage à un autre, d'une vocation à une autre.

C'est avec une grande détermination et une passion sans égale que Jacques Wirtz s'investit alors dans ce projet exceptionnel. Les contraintes imposées par le jardin lui-même, à savoir sa dimension, les inévitables et nombreuses références à son passé, sa structure monumentale et enfin la proximité souvent gênante de la ville, loin de perturber Jacques Wirtz, vont au contraire accentuer son désir d'en faire un lieu voué à l'intimité et au recueillement.

Conscient également des contraintes et des désagréments liés à la vie urbaine, Jacques Wirtz est d'autant plus déterminé à revenir à des notions sensibles, à une dimension et à une échelle humaines et à des propos intimistes et souriants. Ainsi, c'est en faisant appel au vocabulaire propre aux jardins privés et en l'adaptant à la spécificité de ce vaste ensemble public, que Jacques Wirtz oriente son projet, afin de redonner un vrai cœur à Paris.

Une des premières initiatives consiste à isoler le jardin des Tuileries de son environnement proche. Il est en effet important que promeneurs et visiteurs aient l'impression, en pénétrant dans ce jardin tout de fraîcheur, de verdure et de calme, de laisser derrière eux la ville, ses bruits et son rythme frénétique. L'allée des Feuillants, bordant la rue de Rivoli, est ainsi tapissée de gazon et laisse buter contre elle une douve qui permet d'en accentuer la hauteur et de créer un sas entre la ville et le jardin ; elle revient à sa vocation pre-

mière : offrir un asile, un refuge où l'on puisse se ressourcer et se retrouver.
Parallèlement, la diversité de tons et d'atmosphères qui confère sa personnalité au jardin va être accentuée. Chaque espace est ainsi investi d'un caractère propre et identifiable, permettant aux visiteurs de découvrir les nuances et la variété de ce jardin. Ainsi, de l'ambiance douce, sinueuse et riante du Carrousel, on passe à un lieu de végétation plus dense et plus compartimenté, le grand parterre, puis au sous-bois ombreux et frais du Grand couvert, pour parvenir enfin au Fer à cheval, lumineux, ouvert sur le ciel et tout simplement bordé de lavande.
Afin d'accentuer cette hétérogénéité de l'espace, l'ensemble du jardin est parcouru de murs, de haies taillées, d'arbres palissés ayant pour but de cloisonner l'espace et de resserrer autour des promeneurs les limites du jardin, leur donnant ainsi un sentiment de sécurité et de confiance, mais également l'impression de parcourir une pluralité de petits jardins privés, ayant chacun leur personnalité et leur ambiance.
Se superposant à cette trame intimiste, une autre trame, urbaine et publique cette fois, ouvre dans l'espace clos du jardin les vastes perspectives qui unissent les Tuileries à la ville. Il s'agit là de proposer aux regards des échappées parfaitement maîtrisées et resserrées, lesquelles, au lieu de les disperser dans le lointain, les orientent et les guident vers des objets précis, de façon à toujours préserver ce rapport mesuré à l'espace, mais aussi cette double vocation d'ouverture et de recueillement chère au paysagiste.
Mais une belle architecture n'est rien sans la beauté des arbres, la douceur des sous-bois et le chant des oiseaux qui les peuplent.
Un jardin se doit d'être aussi un lieu de plaisir, un lieu sensuel où l'on est heureux de se promener, oubliant pour quelques instants les soucis de la vie quotidienne. Il fallait donc recréer la qualité et le luxe en matière de plantations, revenir ainsi à des pratiques et à des techniques oubliées mais aussi aux

agréments purs comme le sont l'eau, l'ombre et la fraîcheur, qui contribuent tous au charme des jardins. Rompant ainsi avec l'image poussiéreuse et aride des jardins publics, la verdure et les végétaux sont utilisés en abondance. Les arbres acquièrent une ampleur nouvelle, des haies de verdure masquent la rigueur des troncs, le sol est tapissé de lierre et de houx, le jardin se transforme en un écrin végétal donnant l'impression aux visiteurs d'être immergés dans un bain de verdure. La présence de l'eau est également renforcée par un système de fins canaux parcourant, comme des lignes d'argent, l'ombre noire formée par le couvert des arbres.

Ainsi, à l'ambiance douce et sinueuse du Carrousel, dont les pelouses ondulent avec les Maillols et sont traversées de chemins, succède une végétation plus dense, encadrée par des haies élevées d'ifs et de tilleuls ; puis de hauts murs structurent le Grand couvert, créant des chambres de verdure aux dimensions humaines ; enfin dans l'espace du Fer à cheval, les parterres sont simplifiés, plantés sobrement de lavande.

Dans une telle atmosphère, les sons, les odeurs et les couleurs se dévoilent avec une intensité accrue. Les parfums végétaux se déploient avec vigueur dans une ambiance fraîche et riante, les couleurs sont avivées, la multitude des verts offrent leur diversité aux regards, le chant de l'eau courant dans le jardin se mêle à celui des oiseaux heureux de retrouver un asile au cœur de la ville. Le jardin revit enfin, tel l'Elysée de la Nouvelle Héloïse, chanté par Jean-Jacques Rousseau.

Le jardin du Carrousel: le projet définitif de Jacques Wirtz

La très grande difficulté du projet et son caractère emblématique vont néanmoins pousser le Président de la République à choisir, après cette première consultation, plus qu'un paysagiste, une équipe composée d'intelligences et de sensibilités différentes. Il s'agit en effet de répondre avec toute la souplesse nécessaire aux nuances propres à cette réalisation qui exige en tous points une concentration exemplaire.

Ainsi, à l'automne 1990, revient à Jacques Wirtz la charge de créer le jardin du Carrousel, à Pascal Gribier et Louis Benech celle de réaliser le jardin des Tuileries, tandis qu'à L.M. Pei, architecte de la pyramide du Louvre, est confiée la réalisation de la terrasse située au-dessus du souterrain de l'avenue du Général Lemonnier, entre le Carrousel et le Grand parterre. Cette résolution, loin de se présenter pour Jacques Wirtz comme un prolongement du

Projet de Jacques Wirtz pour le jardin du Carrousel, 1991

précédent projet, se dessine comme un projet totalement nouveau. C'est donc avec le sentiment de repartir dans une nouvelle aventure que Jacques Wirtz, faisant table rase de tout ce qui avait été dessiné, crée un nouveau jardin pour le Carrousel.

Longtemps méprisée en ce qu'elle n'obéissait pas à une politique précise, la cour du Carrousel offrait un spectacle ingrat aux visiteurs. Construit en 1806, sur les plans de l'Arc de Septime-Sévère à Rome, l'Arc de Triomphe du Carrousel, bien qu'entouré de quelques marronniers, donnait l'impression de flotter dans un espace morne, indécis et ouvert aux vents, sans lien réel avec ce qui l'entourait.

Cet espace occupe pourtant une place stratégique dans la perspective unissant le Louvre aux Champs-Elysées et à l'Arche de la Défense. Situé entre les pavillons de Flore et de Marsan, comme une porte ouverte sur le jardin des Tuileries, il est le passage obligé entre les différentes structures muséographiques de ce périmètre, il est à l'articulation d'un des plus grands ensembles culturels du monde. Il était donc urgent de redonner tout son sens à un lieu aussi stratégique et représentatif et d'en extraire tout le potentiel symbolique.

Le projet de Jacques Wirtz va redonner un sens et une dynamique à cet espace, et ceci en prenant comme point central et architectural l'Arc de Triomphe, qui retrouve ainsi sa vocation initiale: catalyser les énergies mais aussi les faire rayonner. A l'Arc de Triomphe revient la charge de commander et d'ordonner l'espace du jardin, lui imposant une structure qui unit, recentre et dynamise les différentes parties de ce vaste ensemble.

Le végétal, là encore, joue un rôle essentiel. Les vastes bâtiments de pierre, la pyramide de verre et l'esplanade forment autant d'éléments durs, aigus et froids dont il est nécessaire d'adoucir la minéralité. A cette architecture monumentale, le jardin va donc opposer, comme un contrepoint, le contraste d'un écrin de calme et de fraîcheur.

Le cheminement offre ainsi une impression de continuité, de forces successives emboîtées les unes dans les autres, telles qu'à chaque pas s'ouvrent des perspectives nouvelles et pourtant toujours mesurées et maîtrisées pour ne pas décourager l'attention.
Ainsi, lorsque l'on vient du Louvre, apparaît l'Arc de Triomphe du Carrousel. Celui-ci est encadré et comme épaulé par deux belvédères formés d'ifs taillés, qui tout en le reliant et en l'intégrant dans l'espace environnant, rétablissent l'échelle et justifient sa présence. Ces belvédères, qui permettent d'appréhender d'une manière nouvelle l'environnement, sont prolongés l'un et l'autre par des terrasses gazonnées de moindre hauteur, l'une ronde, l'autre en ellipse, qui invitent à des points de vue plus contemplatifs et plus proches.
Pris entre ces murs de verdure, l'Arc de Triomphe devient alors le passage obligé à partir duquel se déploie la perspective parisienne. Source d'une dynamique et d'un rayonnement nouveau, l'Arc de Triomphe marque ainsi le point de départ d'un mouvement, d'une force qui porte littéralement le visiteur de l'avant et le dote d'une énergie nouvelle.
Projection symbolique de l'Arc de Triomphe, des rayons jaillissent des pieds du Carrousel. Ces rayons, qui confèrent leur structure au jardin, sont tout d'abord matérialisés par des dalles de pierre gris-bleu, incrustées dans le sol puis, parvenus dans le gazon, ils se transforment en des haies d'ifs taillés qui vont en s'élevant au fur et à mesure que s'approfondit le décaissé que forme la pelouse. Ces rayons, qui atteignent 2,40 mètres de haut à leur extrémité, butent enfin sur un talus d'herbe. Les promeneurs pourront bien entendu circuler dans cet espace fort vaste, tout en contemplant les statues de Maillol qui auront enfin trouvé un écrin à leur mesure. Une végétation très simple de marronniers, de tilleuls -ceux-ci formant un écran de 10 mètres de haut devant les murs du palais-, de *Sophora japonica* et de gazon, est destinée à accentuer cette impression de calme et de bienheureuse simplicité.

Page 5, jardin à 's Gravenwezel, 1963
Page 6, jardin personnel de Jacques Wirtz
Page 8, jardin à Schoten, 1982
Page 13, jardin en Algarve (Portugal), 1984
Page 14, jardin à Brasschaat, 1987
Page 130, aménagement du site d'un complexe de logements sociaux à Deurne, 1975

Illustrations de couverture:
Page 1, U.I.A. à Anvers, 1970-1980
Page 4, jardin à Belsele, 1984-1985-1989

* *Toutes les citations de Jacques Wirtz apparaissant dans ce livre proviennent d'une interview que l'architecte-paysagiste à accordée à Michel De Vischer, publiée dans la revue* A+Architecture, *n° 99, Bruxelles 1988, pp. 34-39.*

Bibliographie de Jacques Wirtz

JARDINS DE FLANDRE
Piet Bekaert
Ed. Die Keure, Bruges, 1987

"JACQUES WIRTZ, JARDINIER-PAYSAGISTE"
Michel De Visscher
Revue *A⁺ Architecture*, n° 99, Bruxelles, 1988

"A PROPOS DE L'U.I.A."
Jacques Wirtz
Revue *A⁺ Architecture*, n° 99, Bruxelles, 1988

JARDINS EN BELGIQUE
Jean de Séjournet
Ed. Duculot, Paris - Louvain-La-Neuve, 1989

JACQUES WIRTZ. ARCHITECTE DE JARDINS
Mémoire de fin d'études
Céline Szternfeld
ISAE La Cambre, Bruxelles, 1989-90
Inédit

PARCS ET JARDINS CONTEMPORAINS
Jean-Paul Pigeat
Ed. La Maison Rustique, Paris, 1990

BOTERMELK PAR JACQUES WIRTZ
Hubert-Tonka, Jeanne-Marie Sens
Ed. Pandora, Paris, 1991

Première édition octobre 1993

Achevé d'imprimer
en mai Mil neuf cent quatre-vingt-quatorze
sur les presses de l'imprimerie
Euroset
à Kuurne
Photogravure Deckmyn & Co
à Roeselare

IMPRIMÉ EN BELGIQUE
ISBN : 2-930037-15-6
Dépôt légal : 1994/6401/3